山の家のイタリアン

相場 正一郎

JN074008

はじめに

　僕は東京の代々木公園からほど近い場所で、〈ＬＩＦＥ〉という名前のイタリアンレストランを営んでいて、間もなく十七年目を迎えようとしている。五年前から平日は東京で働き、週末を栃木県那須町の山の中にある家で暮らす、二拠点での生活を始めた。

　僕の基本にあるのが、楽しく豊かな家庭を作りたいということである。そのためにこの暮らし方を選んだ。僕たち家族にとってそれが最善の選択だったが、辛くなるようであれば二拠点で生活をすることは絶対にしなかった。

　レストランを始めた頃は、心地よい店を作ることを一番に考えていたが、次第にそれだけに注力することができなくなった。もちろん居心地のよさはずっと追求しているが、今はそれだけではなく、僕の店で過ごしたことが毎日の生活における心の充実に繋がるような場所にすることに重きを置くようになった。最初から漠然とそれを目指していたが、十七年経って店名を〈ＬＩＦＥ〉としたことの本当の意味をひしひしと感じている。店があって、店に来てくれるお客さんがいて、一緒に働く仲間がいて、そして大切な家族がいる。皆が僕にはかけがえのない存在である。

仕事も生活も同列にあって、その全てが上手くいくことではじめて、自分の心身が豊かになり、店も充実させられる。そのことに気がついてから僕は、生き甲斐というと大袈裟かもしれないが、そこにもうひとつ人生における楽しみを見つけたいと思うようになった。僕が二拠点生活を選んだのも、全てはこの思いに集約されている。山の家の暮らしとイタリアンの両方があるから、僕は人生を楽しく過ごしていける。

本書『山の家のイタリアン』はタイトルの通り、僕が週末を過ごしている山の家の話と、イタリアンのレシピの二部構成になっている。

イタリアンのパートでは、僕が山の家で家族のためにいつも作っている、四季の二十四のレシピを紹介した。

あらかじめ完成させるメニューが決まっていて、食材を揃えてそれを作ることとは真逆の思考で、限られた食材から最高に美味しい料理を自由な発想で作り出すことも楽しく、それは料理人の腕が試される。山の家では、那須で手に入る季節の食材と最小限の調味料を使って、手を掛けずにさっとできるイタリアンを作っているが、それはまさに後者の料理たちである。

ここで紹介した山の家のイタリアンは、どれもが驚くほど簡単で、普段あまり料理をしない方でも手を煩わすことなく、楽しみながら美味しくできる、はじめてのイタリアンとしておすすめしたいものばかりだ。手馴れた方なら、拍子抜けしてしまうほど容易なものもある。しかし、決して手抜きメニューではなく、お客さんを招いた時のおもてなし料理として出しても遜色のない、味も見た目も抜群な、僕の自信作を厳選した。

イタリアンは、オリーブのオイル漬け、トマトを天日干しにして作るドライトマト、カタクチイワシを塩漬けしたアンチョビなど、長期保存ができる食材を使うことが多く、これは山の家での調理に最適である。毎日忙しく、時間をかけて料理をすることができない方にとっても重宝するメニューばかりなので、普段の食卓のレパートリーに加えて欲しい。

そして山の家のパートでは、イタリアンのシェフになるまでの僕の料理武者修行、僕たち家族が二拠点生活を選ぶまでのことと、東京と那須の暮らしを綴った。

かつての僕のように、毎日の生活に大きな不満はないけれど、どこか晴れない気持ちを抱えたまま過ごしている人は少なくないと思う。自分の中にある漠然としたモヤモヤをそのままにしたくないという一心から、僕たちの二拠点生活は始まった。しかし伝えたいことは、僕たちの暮らし方ではない。それぞれが考える幸せの形があるから、これが正解というものはない。そして、その形は常に変化していくものだろう。

毎日の暮らしを通じて、僕は人として成長していきたいと考えている。そのことについて悩み、深く考えることも多いが、自分の考える幸せを探り当てるために、終わりなき模索を続けるからこそ人生は面白いと、僕は思う。

僕のイタリア料理修行

春のイタリアン

ホームと呼べる場所を探して

夏のイタリアン

山の家の暮らしが始まった

秋のイタリアン

過去と今と未来が詰まった場所

冬のイタリアン

すこぶる勉強ができない子供だった

僕の父は東京の建築会社を辞めて、栃木県にある実家の金物屋を手伝っていた。しかし時代の流れとともに、経営は厳しくなっていった。

料理が得意だった母は金物屋の一角で弁当屋を始めたのだが、それが評判を得て次第にスペースが広がっていき、いつしか弁当と総菜の店になっていた。父も手伝うようになると店は軌道に乗り始め、両親は僕たち三兄弟を食の仕事で大きく育ててくれた。懸命に働く両親の姿を毎日そばで見ていて、将来は食に関わる仕事に就きたいと思うようになっていった。

僕はすこぶる勉強ができない子供で、志望する高校の中で受かりそうなところはひとつもなかった。しかし腕を身につけさえすれば、食の仕事で生きていけると考えていた。父は行きたくもない学校に進学するくらいなら、昼間働きながら夜間高校に通った方がいいという考えで、僕も志望校に受からなかった時には就職しようとしていた。

中学を出てすぐ働くのは大変だろうと哀れんでくれた先生が、頑張れば僕の学力でも合格できる可能性のある高校を見つけてくれた。そこは偶然にも、僕が将来就きたいと考えていた食の仕事と関わりの深い、農業科の高校だった。

中学時代の僕は体格がよく、柔道部に所属しながら地元の小さなラグビークラブにも通っていた。その高校は普通科もあり、ラグビー部が強いことでも有名だった。僕は高校でもラグビーをやりたいと思っていたので、何としても合格したいと苦手だった勉強に励んだ。できないなりに真剣に机に向かった結果、何とか合格することができ、憧れだったラグビー部に所属することが叶った。

その高校の普通科は栃木県内でも成績トップクラス。ラグビー部員の大半は成績優秀で運動もできる文武両道、その上に人柄もいい生徒ばかりだった。勉強ができなかった僕はずっと、一生懸命に勉強している同級生を頭でっかちなガリ勉と、少し偏見を持っていた。しかしラグビー部の仲間は、学力で雲泥の差がある僕とも分け隔てなく接してくれた。彼らのおかげで、勉強ができる同級生に対して劣等感を持ち、ただ一方的に妬んでいたことに気がついた。そんな自分を恥ずかしく思うようになったことで、僕は少しだけ成長できた。

家族の景色が思い出せる場所が欲しかった

父は栃木県の田舎町とはいえ、目の前に駅がある商店街の中にある家で育った町中っ子だった。一階が店で二階が住まいという家で、僕は幼少期を過ごした。

商店街の中では周りの目が気になってのんびりできないとずっと言っていた父は、僕が中学生の頃、店から車で二十分ほどの郊外に家を建てた。毎朝一家で駅前の店まで車で行き、そこから以前と同じ学校に通った。終業後は店の二階で過ごし、営業が終わった後に車で郊外の家に戻るという、小さな二拠点生活を送ることになった。

駅前の店と郊外の家を往復する生活はかなり面倒だったが、目の前に川が流れる、田園に囲まれた郊外の環境は決して嫌いではなかった。父は、窓から見えるのどかな風景を毎朝眺める度に心が洗われると言っていたが、僕も同じように感じていた。二拠点生活を始めてすぐに僕は、駅前のかつて暮らしていた場所は両親が営む店で、郊外の新しい住まいこそが自分の家と思うようになった。

親の仕事が休みになる週末には、自宅の庭でバーベキューをすることが日課となり、あたたかい季節には庭で日光浴や読書をするようになった。そんな町中ではできない楽しみが増えたことで、僕も中学生ながらに心が解放されていくような感覚があった。

郊外に家を持ったことで、腰を据えて日々穏やかに暮らせる場所ができたと、家族全員が感じていたと思う。僕は家族の全てがあると思える、安住できる我が家への憧れを人一倍持っていた。そこに行けば家族が歩んできた全ての景色が思い出せる場所を、心のどこかで欲していた。

ひっきりなしにお客さんが出入りする店の二階に住んでいた頃は、借り暮らしのような気持ちだった。店と家を行ったり来たりする生活は続いていたが、ようやく自分のホームと呼べる場所ができたと僕は感じていた。

イタリアで料理修行することが僕の武器になる

部活動の後に塾に通い、夏休みには練習の合間に塾の夏期講習にも参加して勉強に励むラグビー部の仲間たちのぶれない志の強さに、僕は圧倒されていた。尊敬できる仲間が身近にいたことで、意識が大きく変わった。今のままでは彼らに何ひとつ太刀打ちできない、このままでは駄目だと危機感を持ち、自分の将来を真剣に考えるようになった。

ただ料理人になることを目指すのでは、彼らには絶対にかなわないと感じていた。そんな時に父から、大学に進学する代わりに、料理修行で四年間海外に行かせてくれるという嬉しい話をもらった。日本でイタリアンが流行の兆しを見せていた頃で、父からイタリアに修行に行ってみてはという提案があり、僕はそれに躊躇なく乗ることを決めた。イタリア料理を本場で習得するというのは、食を生業にすることを決めていた、勉強ができない僕が優秀な仲間たちと渡り合うために必要なことで、これこそが僕の武器になると思った。

イタリアに料理修行に行くことを決めたけれど、何から始めていいのか、全く見当もつかなかった。イタリアで暮らすための手続きや、修行先を見つける方法など、家族も高校の先生も知らなかったから、自分で何とかしなければならない。まだインターネットも普及していない頃で、高校生だった僕はどうやって航空券を買ったらいいのかさえも知らなかった。

何から手をつけたらいいのかと困っていたところ、父がイタリア語講座の教本に載っていた、イタリア食材を輸入する会社の広告を見つけてくれた。そこには小さな文字で「イタリア留学をお考えの方、相談に乗ります」と書いてあった。他に何の頼りもなかった僕は、藁にもすがる思いで広告にあった連絡先に電話をかけた。

電話をした会社の方に、イタリアに行くための方法を手取り足取り教えてもらいながら、何とかイタリアのフィレンツェにある語学学校の入学手続きと、学生向けアパートを契約することができた。とりあえず手はずは全て調ったが、いざイタリア行きが決まると、知らない異国にたったひとりで暮らすことの恐怖が急に迫って来た。自ら望んで行くことを決めたのだが、日本を離れるのが嫌で仕方がなかった。

暗黒から始まったイタリア生活

　イタリア語が話せない日本人がレストランで修行することなどできないので、まずは語学の習得に努めた。しかし、知り合いがひとりもいないイタリアの生活に慣れず、ここから逃げ出したいと苦しんだ。日本での楽しい暮らしが夢に出てきて、目を覚ますとフィレンツェの狭いアパートにたったひとりでいる現実に打ちひしがれる毎日。食事ものどを通らず、ひたすらランニングをして落ち込んだ気分を紛らわし続けた結果、八十三キロあった体重は半年で六十キロまで落ちていた。

　語学学校に半年通った後、レストランで修行を始めたのだが、給料の出ない実習生扱いで、日々の生活費は日本人向けの土産屋でのアルバイトと、実家からの仕送りでまかなっていた。

　楽しく過ごせるようになったのは、(現在の妻である)彼女がイタリアに来てくれた、二年が経った頃。彼女は歯科衛生士として働いていたが、僕を訪ねて遊びに来たイタリアにすっかり魅了され、ここで暮らしたいという気持ちが膨らんでいったようだった。一緒に暮らすのなら入籍をすることが条件だと、彼女のお母さんから言われたが、修行の身であった僕は結婚する決断ができなかった。しかし、彼女のお父さんが援護してくれたことで、イタリアで一緒に暮らす許しを得ることができた。また異国の地でひとりぼっちになってしまうことに怯えていたが、彼女がそばにいてくれることになり、料理修行をやり遂げる自信を持つことができた。

それから精神的にも安定していき、暗黒のイタリア生活は好転していった。ようやく修行先から給料がもらえるようになり、彼女が観光客向けの店で一生懸命に働いてくれたおかげで、暮らしは随分と楽になった。

それから二年後、彼女が家庭の事情で帰国することになったのだが、精神的にも強くなった僕は、腕に磨きをかけて自信ができた時に日本に戻ろうと考えた。タダ働きから始まった僕のイタリア料理修行だったが、家族や彼女の援助、レストランのオーナーなど人との出会いにも恵まれて、四年が経った時には料理人としての収入だけで生活ができるようになっていた。

北イタリアに、ホワイトアスパラガスにゆで卵を添えた料理があるが、春から初夏のグリーンアスパラガスの優しい甘味を最大限に楽しむためにアレンジした。瑞々しい緑が美しい大きなアスパラガスを豪快に盛りつけると、テーブルがぱっと華やぐ。

アスパラガスのポーチドエッグのせ

材料（２人分）
アスパラガス…大６本　　卵…１個　　レモン…1/4個
酢…大さじ１
パルメザンチーズ・塩・コショウ・オリーブオイル…適量

作り方
1　鍋にたっぷりの水を沸騰させ、塩をひとつまみ入れる。アスパラガスを５分ほど、柔らかめに茹でる。
2　小鍋にたっぷりの水を沸騰させる。沸騰したら弱火にして、塩と酢を小さじ１ずつ入れ、菜箸などで鍋の中に渦を作る。真ん中に卵を割り入れて３分ほど茹でる。
3　皿にアスパラガスを盛りつけ、２のポーチドエッグを載せる。パルメザンチーズとコショウ、オリーブオイルを振り掛ける。お好みでレモンを添える。

肉や魚などに添えられることが多いクレソンが、この料理の主役。クレソンの鮮度が味を大きく左右するので、春から初夏の深緑が美しい旬の頃に味わいたい。サーモンはスモークしたものを使っても美味しくできる。

クレソンとサーモンのサラダ

材料（2人分）
クレソン…10〜12本　　サーモン（生食用）…160g　　卵…2個
レモン…1/4個　　塩・コショウ…各小さじ2　　オリーブオイル…適量

作り方

1　サーモンをひと口大の角切りにする。ボールにレモンの絞り汁、塩コショウを入れてサーモンとよくあえる。
2　皿にサーモンを盛りつける。手で食べやすい大きさにちぎったクレソンと半熟ゆで卵（作り方は82頁参照）を添えて、オリーブオイルを掛ける。

さっとできて、そのままパスタソースにもなる便利な料理。ブロッコリーが少し崩れるくらいにしっかり茹でると、セミドライトマトとアンチョビがよくからんで美味しく仕上がる。ブロッコリー以外にも、芽キャベツなど季節の緑野菜で作ることができる。

ブロッコリーのアンチョビマリネ

材料（2人分）
ブロッコリー…1/2株　　オイル漬けセミドライトマト…4個
アンチョビペースト…小さじ1　　オリーブオイル…大さじ4
パルメザンチーズ・塩…適量

作り方
1　ボールにオイル漬けセミドライトマト、アンチョビペースト、オリーブオイルを入れてよくあえる。
2　鍋にたっぷりの水を沸騰させ、塩をひとつまみ入れる。ブロッコリーをひと口大に切り、柔らかくなるまで5分くらい茹でる。
3　湯からあげたブロッコリーを熱いまま1に入れて、よくからませる。
4　パルメザンチーズを入れてよく混ぜる。皿に盛りつけたら、その上からもパルメザンチーズを振り掛ける。

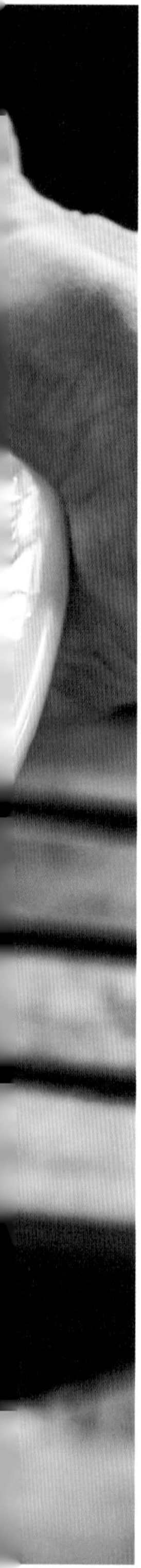

コトレッタはイタリア料理でカツレツのこと。仔牛肉で作るものだが、これは手軽で手に入れやすい豚フィレ肉を使った、僕のオリジナルメニュー。美味しく仕上げるコツは、豚フィレ肉を薄く均一に伸ばし、小さいフライパンで手早くさっと作ること。

豚フィレ肉のミラノ風コトレッタ

材料（２人分）

豚フィレ肉…60g×２枚　　ルッコラ…40g　　小麦粉…50g

乾燥パン粉…70g　　卵…１個　　バター…８g

パルメザンチーズ・塩・コショウ・オリーブオイル…適量

作り方

1　豚フィレ肉を４cmくらいに切り、肉たたき（ない場合はすり棒などで代用）で２mmくらいになるまで薄く伸ばし、塩コショウを振る。

2　１に小麦粉を薄くまぶし、溶き卵にひたし、パン粉をつける。

3　フライパンを中火にかけて、オリーブオイルをたっぷり（肉が少しひたるくらいまで）ひく。パン粉をひとつまみ入れてシュワッとなったら、衣をつけた豚フィレ肉を入れて３分くらい揚げる。キツネ色になったら裏返し、香りづけにバターをひとかけら載せて、さらに２分くらい揚げる。

4　油を切って皿に盛りつけ、軽く塩を振る。ルッコラを手でちぎって上に載せて、パルメザンチーズをたっぷり振り掛ける。

ルッコラの新鮮な辛味とエビの甘味、そこにレモンを加えて爽やかに仕上げた、春から初夏の季節にぴったりな清涼感のあるパスタ。バターの深く優しい甘味がソースによく染み込むのでレモンの味も柔らかくなり、酸味が苦手な人でも美味しく味わえる。

エビとレモンとルッコラのパスタ

材料（２人分）
エビ…小16尾　レモン…1/4個　ルッコラ…10g
バター…24g　スパゲッティー…120g
岩塩・オリーブオイル…適量

作り方
1　鍋にたっぷりの水を入れてぐつぐつに沸騰させ、湯の１％くらいの量の岩塩（岩塩を使うとしっかり塩味がつく）を入れる。スパゲッティーを鍋全体に広がるように入れて、記載されている指定の時間茹でる。
2　フライパンにバターを入れ、エビ（皮をむいて背わたを取っておく）、ルッコラ、細かく刻んだレモンの皮をほんの少しとレモン汁を絞り入れる。中火で２分ほど炒めたらソースの完成。途中煮詰まってきたら、パスタの茹で汁を少し加える。
3　茹であがったスパゲッティーをソースのフライパンに入れ、とろみがでるように弱火でよくからませる。

トスカーナ地方で食卓に並ぶことが多い料理。グリーンピースソースはサーモンだけでなく様々な料理に使われ、そのままつけ合わせとして食べることも多い。グリーンピースが苦手な人はたくさんいると思うけれど、このソースは独特の青くささがなく、皆の舌を喜ばせる不思議な魅力がある。

グリーンピースソースのサーモンソテー

材料（２人分）
サーモン（生食用）…80g×２切れ　　グリーンピース…200g
タマネギ…1/3個　　ベーコン…１枚　　ニンニク…１片
レモン…1/4個　　小麦粉・塩・コショウ・砂糖・オリーブオイル…適量

作り方
1　タマネギを粗みじん切りにする。フライパンにオリーブオイルを薄くひいて、しんなりするまで中火で炒める。
2　５mm幅くらいに切ったベーコンと、グリーンピースを１に入れて、しんなりするまで中火で炒める。
3　水を100ccくらい入れて、中火のまま水分が蒸発するまで煮込む。炒める途中で煮詰まってしまった時は、少し水を足してとろんとさせる。塩と砂糖で味を調えたら、グリーンピースソースの完成。
4　サーモンを手の平大に切る。塩コショウを振り、両面に小麦粉を薄くまぶす。
5　フライパンにオリーブオイルを薄くひき、サーモンを中火で焼く。約１分半焼いてキツネ色になったら裏返して１分半ほど焼く。全体に火が入ったら、つぶしたニンニクを入れて香りをつける。
6　グリーンピースソースを入れ、炒めたサーモンによくからめる。お好みでレモンを添える。

二十五歳でイタリアンレストランの店長に

フィレンツェでは毎年一月と六月に、ファッションブランドの大きな展示会が開催される。展示会に訪れる日本人バイヤーのお世話をしている友人がいて、その時期になると必ず彼らを僕が働いているレストランに連れて来てくれた。当然のように、日本人の僕が彼らの接客をしたり、現地の情報を教えたりするのが常になっていた。

何度か店に足を運んでくれていたオーナー兼バイヤーのひとりが、原宿でカフェを併設した洋服店をやっていて、そのカフェをイタリアンレストランにしたいと話していた。僕がそろそろ日本に帰ろうと考えていることを伝えると、その店で店長兼シェフとして働いてみないかと誘ってくれた。

帰国したらすぐに働けるレストランを見つけようと思っていた僕にとって、それはとても嬉しい提案だった。しかし、高校を卒業してすぐフィレンツェに来たので、東京で暮らしたことも働いたこともなく、いきなり原宿の店で店長兼シェフとして責務を果たせる自信がなかった。しかし、イタリアに料理修行に来ていた日本人の仲間たちが、オープンが決まったら帰国して一緒に働きたいと言ってくれたことで、挑戦する決心ができた。僕は誘ってくれたオーナーに、少しだけ時間が欲しいと伝え、店長になるための準備を始めた。

それからすぐ日本に戻り、先輩が営む東京のイタリアンレストランで少しの間修行させてもらうことにした。働きながら運営のあれこれを学びつつ、日本で手に入る食材の種類や仕入れ方法を調べ、日々メニューを考えた。他にも内装をどうするだとか、食器はどれにするだとか、料理以外にやることが膨大にあった。

開店に向けて奮闘していたが、周囲の人たち、特に両親は帰国していきなり店長兼シェフとして原宿の店を任されることになった、まだ二十五歳の僕を心配していた。しかし開店に向けて準備を進めていくうちに、僕には確固たる自信が湧いていた。イタリア語も話せないままイタリアで修行を始めた最初の二年はひとりだったけれど、信頼できる仲間が帰国して働いてくれることが心強く、彼らと一緒なら絶対にうまくいくと確信が持てた。

正一郎君がオーナーになってよ

準備を始めてから一年近くが経ち、いよいよレストランが開店することとなった。店があったのは裏原宿と呼ばれる、アパレルショップが立ち並ぶ場所。半分が洋服店で、半分は僕が店長を務めるイタリアンレストランだった。休みの日は朝から夜まで人の波が途絶えることはないが、近くに会社や住宅が少ないため、平日になると来店者が激減してしまう立地だった。

オーナーはレストランを僕に任せて、自由に色々な挑戦をさせてくれた。自由とはいえ、当然のように売り上げ面で結果を出さなければならない。美味しい料理を作り、気持ちのよい接客をして、また足を運んでもらえる店にするための努力はもちろん、開店したばかりの店を知ってもらうために知恵を絞った。広告費もかけられないので、雑誌に取り上げてもらえるように店の紹介と料理の写真を添えて片っ端から手紙を出すなど、宣伝活動にも勤しんだ。

店の運営は順調だったが、三年が過ぎた頃、オーナーから諸事情でアパレル業に専念したいという申し出があり、閉店することが決まった。

店を始めて一年が経った頃、客足が増えて人手が必要となり、イタリアでお世話になった日本人の先輩コックを誘い一緒に働いてもらっていた。仕事のパートナーとして信頼できるだけでなく、仲がよく気心も知れていたので、ずっと一緒に働きたいと思っていた僕は、いつの日かふたりだけで経営する小さなレストランをしたいと密かに想像していた。

上手くいっていても閉店してしまうことを経験したから、今度は全ての責任を負う、自分がオーナーの店を始めたいと考えた。閉店が決まってすぐ、共同経営で小さなレストランがしたいと先輩に相談したところ、「僕はコックでいいから、正一郎君がレストランのオーナーになってよ」という言葉が返ってきた。

その返事を聞いて僕は直感的に、自分がオーナーのイタリアンレストランを始めようと思った。両親に相談すると、長く続けられる場所でしっかり店作りをした方がいいという後押しをもらうことができた。その時に初めて、日本での勤務経験もないままレストランをオープンさせて、三年間続けてきた頑張りを認めてもらえたような気がした。

店の名前はＬＩＦＥ

僕と同様にイタリアで料理修行していた弟も合流して、イタリアンレストランを開業するための準備が始まった。場所を選ぶにあたっては、原宿での経験を踏まえて、曜日に影響されず、常に一定のお客さんに足を運んでもらえるような、住宅や会社が近くにある、生活する人たちの温度が感じられる街でやることだけは決めていた。

オーナーの事務所が代々木公園の近くで、店も原宿だったので、まずは土地勘のあるその周辺で探すことにした。そんな中で見つけたのが、代々木公園駅と代々木八幡駅の両方からほど近い物件。渋谷駅や原宿駅から少し離れているけれど、近隣は住宅地で生活している人も多く、周辺にはたくさんのオフィスもある絶好の立地だった。飲食業の先輩である父にその場所を見てもらったところ、ここなら絶対に大丈夫というお墨付きももらい、僕がオーナーとなる店が決まった。

店の名前はLIFE

原宿のレストランの頃から、自分がオーナーの店を始める時のアイデアをしたためていて、店の名前は〈ＬＩＦＥ〉にしようと考えていた。僕は、どう仕事をするかということよりも、どう生きていくかということにより関心があって、ＬＩＦＥの看板に掲げた〈スローフード・スローライフ・グッドライフ〉という言葉を、店を始めるずっと以前に、ノートに綴っていた。

イタリアンレストランなので食事を楽しんでもらう場所なのだけれど、大きな柱として生活があり、その中の大切なひとつの軸として食があるというのが僕の考え方である。料理の味はもちろん大切だが、レストランで過ごす時間が楽しく豊かだと感じてもらえることが僕は何よりも嬉しく、心地よい空間作りにこだわった。

そこは原宿からひと駅という立地で、前の店の常連たちが最初から足を運んでくれた。三年間原宿の店で積み上げてきたものもあって、開店したばかりのレストランとはいえ一年目の店ではなく、四年目の感覚で運営できたことは本当に幸運だった。

日曜日を一家で過ごしたい

開店から五年が経ち、運営も軌道に乗り始め、新しい家族が欲しいと思う余裕ができたタイミングで長男を授かった。

妻は歯科衛生士として活躍していて、出産後も仕事を続けていた。僕は、順調に回り出したとはいえ、忙しい土日は必ず店に出なければならなかった。土日が休みの妻と休日を合わせることは難しく、一家でのんびり過ごす余裕はまだなかった。

子供を保育園に預けたことがきっかけで、同年代の子供を持つご近所さんたちと交流を持つようになった。休日には代々木公園に集まっておしゃべりをして、帰りに僕の店に寄ってランチを食べることが習慣になっていた。土日が休みの妻はその集いに参加できたのだが、楽しそうな皆の様子を、僕は店で働きながら羨ましく眺めていた。

スタッフに無理をお願いして、一度だけ日曜日に休みをもらい、念願だった代々木公園の集いに参加することができた。その後、いつものように僕の店でランチを食べたのだが、僕がいなくても問題なく店が回っているようだった。後日、僕がいなかった日のことをスタッフに尋ねると、何の問題もなく、普段通りに営業できたという答えが返ってきた。開店から八年が経ち、僕の考えを理解してくれる頼もしいスタッフがしっかりと育っていたことに、その時初めて気がついた。彼らに任せておけば店を守ってくれるという安心感が生まれ、忙しい日曜日に僕がいなくても切り盛りできたことがスタッフの自信にもなったようだった。

一家で休日を過ごしたがっている僕の気持ちを察したスタッフたちは、日曜日に休みを取ることを認めてくれて、一家で休日を過ごす日が持てるようになった。僕が料理修行をしていたイタリアはキリスト教徒が大半を占めていて、安息日である日曜日は仕事をしないで一家で過ごすのが当たり前の生活スタイルとして定着している。その暮らし方への憧れもあり、いつか休日を家族でのんびり静養して平日しっかり働く生活をしたいと思っていたが、素晴らしいスタッフたちに出会えたおかげで、それを実現できる環境が調っていた。

ホームと呼べる場所への憧れ

娘が生まれて部屋が手狭になり、同じ地域の少しだけ広めのマンションに引っ越した。東京での生活に何の不満もなかったし、十分過ぎると思っていたが、僕の栃木県の実家のような開放感のある生活ができないことに、心のどこかで窮屈さを感じていた。

趣味でサーフィンを始めて海辺の暮らしに憧れを持つようになった僕は、海の近くに移住したいと思うようになり、神奈川県や千葉県の海岸の物件をいくつか見て回った。しかし現実的なことを考えると、家族の生活に大きな負担がかかってしまうことにすぐ気がついた。もし全く見知らぬ土地に移住してしまったら、また一から生活のリズムや人間関係を作らなければならない。そして、その場所で新たにレストランを始めたら、軌道に乗るまで数年間は仕事にかかりきりになるだろう。今の東京の暮らしの利便性と、海辺の町に移住することを天秤に掛けた時、憧れだけで後者を選択する気持ちには到底なれなかった。

僕には、都心での快適な暮らしをぱっと手放してしまうことはできなかった。日曜日にも店を休めるようになった僕は、週末に家族でドライブに行くことが多くなった。東京から車で無理なく行ける色々なところに出向いたが、同じ自然豊かな場所でも、全てが整った行楽地よりも、暮らす人の温度が感じられる土地の方が安らげることを感じていた。

週末に家族で出掛けることで日々のモヤモヤは発散できたが、妻の目には、僕の気持ちが完全には晴れていないと映っていたようだった。東京での日々にどこか息苦しさを感じていて、いつかガス抜きが必要な日が来るであろうことを、妻は隣でずっと感じていたそうだ。

一旦は東京以外の場所で暮らしたいという欲求は収まったが、いつか都会ではない場所に拠点を持ちたいという気持ちは、まだ僕の心の奥底にあった。旅に出ることでもリフレッシュできるかもしれないが、腰を据えて過ごせるホームと呼べる場所を東京以外の土地に持つことで、自分の中にもうひとつの新しい視点が生まれて、仕事や生活によい影響を与えてくれると考えていた。

山の家に一目惚れしてしまった

子供たちは東京での生活に馴染んでいるので、東京以外の場所に家を持つことがあったとしても、それを壊さないことを大前提として考える必要があった。妻は何度も転校を経験し、その大変さを知っていたので、大人の都合で子供の生活環境を変えてしまうことはしたくないと強く思っていた。そうなると方法はひとつに限られる。仕事と学校がある平日は今の生活を続け、週末を過ごすための家を持つという、二拠点生活である。

その頃、北海道の木材を使って家具を作っている〈北の住まい設計社〉に行くことがしばしばあった。そこはカフェやパン屋を併設していて、僕は料理のイベントに声を掛けてもらっていた。

その会社は家具だけでなく、北海道の木材を使った家作りもしていた。彼らが建てた木の家を見た僕は心惹かれ、もし家を持つのなら、あたたかみを感じる木の家が欲しいと強く思うようになった。

北海道で出会った美しい家に刺激された僕は、全国津々浦々の木の家の情報をインターネットで探すようになり、それが楽しみになった。本気で家を購入しようという意思はなく、どんな家があるのかを見てみたいという興味本位だった。

探しているうちに、僕がいつか住みたいと思い描いていた木の家が、栃木県那須町にあることを発見した。ネットで見ているだけでは物足りなくなってしまった僕は、那須に遊びに行くという口実の元に家族を誘って、その家の内覧に出掛けることにした。妻や子供たちは自然の中の生活に興味がなく、那須のような場所で週末だけでも暮らすことに賛成しないことは予想できたから、ドライブがてら見に行くだけで、全く買う気はなかった。

しかし僕は、その家の美しい木々で作られた凛とした佇まいと、寝室の大きな窓から見える優しい深緑の景色に一目惚れしてしまった。それに、初めて訪れたはずなのに、どこか懐かしい匂いを感じた（この家は僕がこれまでに手掛けてきた店とよく似ていることに後々気がついた）。すっかり魅了された僕は、東京に帰って来てもその風景が脳裏に焼きついたままで、まるで初恋にのぼせあがった思春期の頃のようだった。

この家は家族の暮らしを豊かにしてくれる

意を決して、妻に那須の山の家に興味があることを話すと、快諾はしないもののの、もし購入するのなら値段は下げることはできるものなのか、今ある建具はついて来るのかなど、実現に向けて交渉する余地がありそうな質問が返ってきた。早速、妻から訊かれた質問の他、建物として基本的な欠陥がないことや耐久性や耐震性の確認、住むにあたって補修が必要な箇所と、それに必要な費用の算出、生活インフラとして不足しているものはないかなど、実際に生活することを前提とした情報を、洗いざらい仔細に調べた。そして、固定資産税や月々の維持管理費など、実際に買うことになった場合の長期的な出費も試算した。

何らかの事情で住めなくなった場合には、改装してレストランとして営業できることもわかった。万が一、東京の店が上手く立ち行かなくなって辞めざるを得ないような事態が起きたとしても、この場所があればまたレストランをすることもできる。そのことは人生の保険のようにも感じられて、購入を後押しする大きな要因になった。

最初に提示された金額から少し値下げ可能で、懸念していた様々なことも円滑に解決できた。いつか都心ではない場所に、わが家と呼べる家族の家が欲しいと思っていたが、軽い気持ちで内覧に出掛けた一軒目で、頭の中で描いていた理想通りの家が見つかるとは思ってもみなかった。快適に過ごすための場所作りという視点で考えた時に、これまで何軒かの店舗を監修して培った鑑識眼が少しだけ役に立った。僕は、この家が家族の暮らしを楽しく豊かにしてくれるという確信を持っていた。

妻の口から、こんな気持ちいい場所に家が持てるのなら、週末をここで暮らしてみたいと初めて聞いた時には、とても驚いた。僕が一目見て、その佇まいの素朴な美しさと、木々に囲まれた森の中という環境に惹かれてしまったのと同じように、興味がなかった妻の心にさえもつき刺さる不思議な魅力が、その山の家にはあった。幼い頃からマンションでしか暮らしたことがなかった彼女は、一軒家への小さな憧れを秘めていたことも、この時に初めて聞かされた。

イイダコと夏野菜のコリコリとした新鮮な食感が楽しい。バジルソースは既製品も楽でいいけれど、瑞々しい生バジルが手に入る季節にはひと手間掛けて手作りして欲しい。鮮やかな深緑のバジルで作ったソースの香りの高さと、味の深みは格別だ。

イイダコと彩り野菜のバジルソースあえ

材料（2人分）

インゲン…6本　ズッキーニ…1/2本　ラディッシュ…3個

イイダコ…6匹　オリーブオイル…適量

◎バジルペースト

バジル…25枚　EXオリーブオイル…100cc　松の実…40g

ニンニク…1/2片　パルメザンチーズ…50g

塩…ひとつまみ

作り方

1　バジル、EXオリーブオイル（2/3の量）、松の実、ニンニク、塩をフードプロセッサーで回す。ある程度混ざったら、パルメザンチーズと残りのEXオリーブオイルを入れて再度回す。なめらかになったらバジルペーストの完成。

2　インゲン、ズッキーニ、ラディッシュ、イイダコをひと口大に切る。フライパンにオリーブオイルをひき、強火で2分くらい焼く。

3　バジルペーストを大さじ3入れて、よくあえる。残ったバジルペーストはジェノベーゼパスタなど、様々な料理に活用できる。

イタリア人が大好きなトマト料理で、甘味が強くて果肉も多く、調理もしやすいミニトマトやフルーツトマトが最適だと思う。塩気をきかせることでトマトの甘さが際立ち、とても簡素な調理法ながら豊かな滋味が堪能できる。

ポモドーロ・アロスト

材料（２人分）
ミニトマト…２パック（約 30 個）　ローズマリー・タイム…各３枚
ニンニク…２片　塩…小さじ 1/2　オリーブオイル…適量

作り方
1　オーブン皿にミニトマトを並べる。1/4 に切ったニンニク、ローズマリー、タイムを載せ、たっぷりのオリーブオイルとあえる。
2　上に塩を振り、220℃のオーブンで 10 分ほど焼き上げる。トマトの表面が少し焦げて、割れ目ができるくらいが目安。

キンキンに冷した真夏の完熟トマトと茹でたて熱々のソーセージ、その冷熱が口の中で重なった時の味わいが新鮮だ。サルシッチャは生ソーセージのことで、生トマトとよく合う。大きなソーセージを大胆に真ん中に置くと、見た目にも楽しく仕上がる。

サルシッチャ・エ・ポモドーロ

材料（2人分）
トマト…1個　バジル…4枚　オレガノ…小さじ1
お好みの生ソーセージ…特大1本
オリーブオイル…大さじ3　パルメザンチーズ…適量

作り方
1　よく冷やしたトマトを扇形のひと口大に切って、ボールに入れる。
2　ボールに手でちぎったバジルとオレガノを入れ、オリーブオイルを加えてよくあえる。
3　お気に入りの生ソーセージを、沸騰させない70～80℃の湯で、10～15分ゆっくり茹でる。
4　フライパンを中火にかけてオリーブオイルを薄くひく。湯からあげたソーセージを、表面に少し焦げ目がつく程度に軽く焼く。
5　2のトマトを皿に盛りつけ、真ん中にソーセージを載せる。お好みでパルメザンチーズを振り掛ける。

Wortfix

パプリカは南イタリア料理でよく使われる野菜で、肉や魚介など色々な食材と合う。目にも鮮やかなパプリカの心地よいシャキシャキ感と、夏から秋が旬の小さなヤリイカのプチプチとした歯ごたえが絶妙で、口の中を美味しさと楽しい食感で満たしてくれる。

パプリカソースのヤリイカソテー

材料（2人分）
ヤリイカ…小8杯　　パプリカ（赤・黄）…各1/4個
ニンニク…1片　　レモン…1/4個
ルッコラ・イタリアンパセリ・塩・オリーブオイル…適量

作り方
1　パプリカを3mmくらいのさいの目切りにしてボールに入れ、みじん切りにしたニンニクを加える。レモンを絞り、オリーブオイルと塩を加えて全体をあえたらパプリカソースの完成。
2　ヤリイカに塩を振る。フライパンにオリーブオイルをひき、強火で2分ほどヤリイカを焼く。少し焦げ目がつくくらいが目安。
3　皿に手でちぎったルッコラをひき、ヤリイカを盛る。その上にパプリカソースと、刻んだイタリアンパセリを振り掛ける。

どんな野菜でも作ることができるので、旬の野菜を使って自由にアレンジして欲しい。取り分ける時にテーブルで崩しながら混ぜ合わせると、野菜に半熟卵がよくからみ美味しさが増すだけでなく、おもてなし料理として目前で完成させる楽しさも味わえる。

季節の野菜の半熟オムレツ

材料（2人分）
卵…3個　　ズッキーニ…1/3本　　インゲン…5本
ジャガイモ…1/2個　　パルメザンチーズ…大さじ2
塩・オリーブオイル…適量

作り方
1　鍋にたっぷりの水を沸騰させ、塩をひとつまみ入れる。野菜をひと口大の角切りにして、5分ほど茹でる。
2　ボールに卵3個を割り入れ、塩をひとつまみ加えてよくかき混ぜる。そこに茹でた野菜とパルメザンチーズ大さじ1を加えて、さっくり混ぜ合わせる。
3　フライパンにたっぷりのオリーブオイルをひき、強火でかき混ぜながら30秒ほど炒める。半熟になったらすぐ弱火にして、かき混ぜないで外側がカリッとなるようにじっくり6分ほど火を入れる。仕上げにパルメザンチーズを振る。

冷製パスタにはカペッリーニと呼ばれる細めのロングパスタがおすすめ。素麺のような感覚で、食欲がない盛夏でもスルスルと食べられる。ソースは火を使わずボールだけで仕上げるのでとても手軽だ。白ワインビネガーを少し加えると爽やかさと甘味が増す。

カニとセロリの冷製パスタ

材料（２人分）
カニの缶詰…１缶　　セロリ…1/2 本
アンチョビペースト…10g　　カペッリーニ…120g
岩塩・白ワインビネガー・イタリアンパセリ・
オリーブオイル…適量

作り方
1　鍋にたっぷりの水を入れてぐつぐつに沸騰させ、湯の１％くらいの量の岩塩（岩塩を使うとしっかり塩味がつく）を入れる。カペッリーニ（細めのロングパスタ）を鍋全体に広がるように入れて、記載されている指定の時間より１分ほど長く茹でる。
2　茹であがったカペッリーニを冷水にひたしてしめる。
3　ボールに、３mm くらいにスライスしたセロリ、カニの缶詰、アンチョビペースト、オリーブオイル、白ワインビネガーを少量入れて、よくあえる。
4　冷水をよく切ったカペッリーニをボールに入れて、しっかりとあえる。仕上げに刻んだイタリアンパセリを振る。

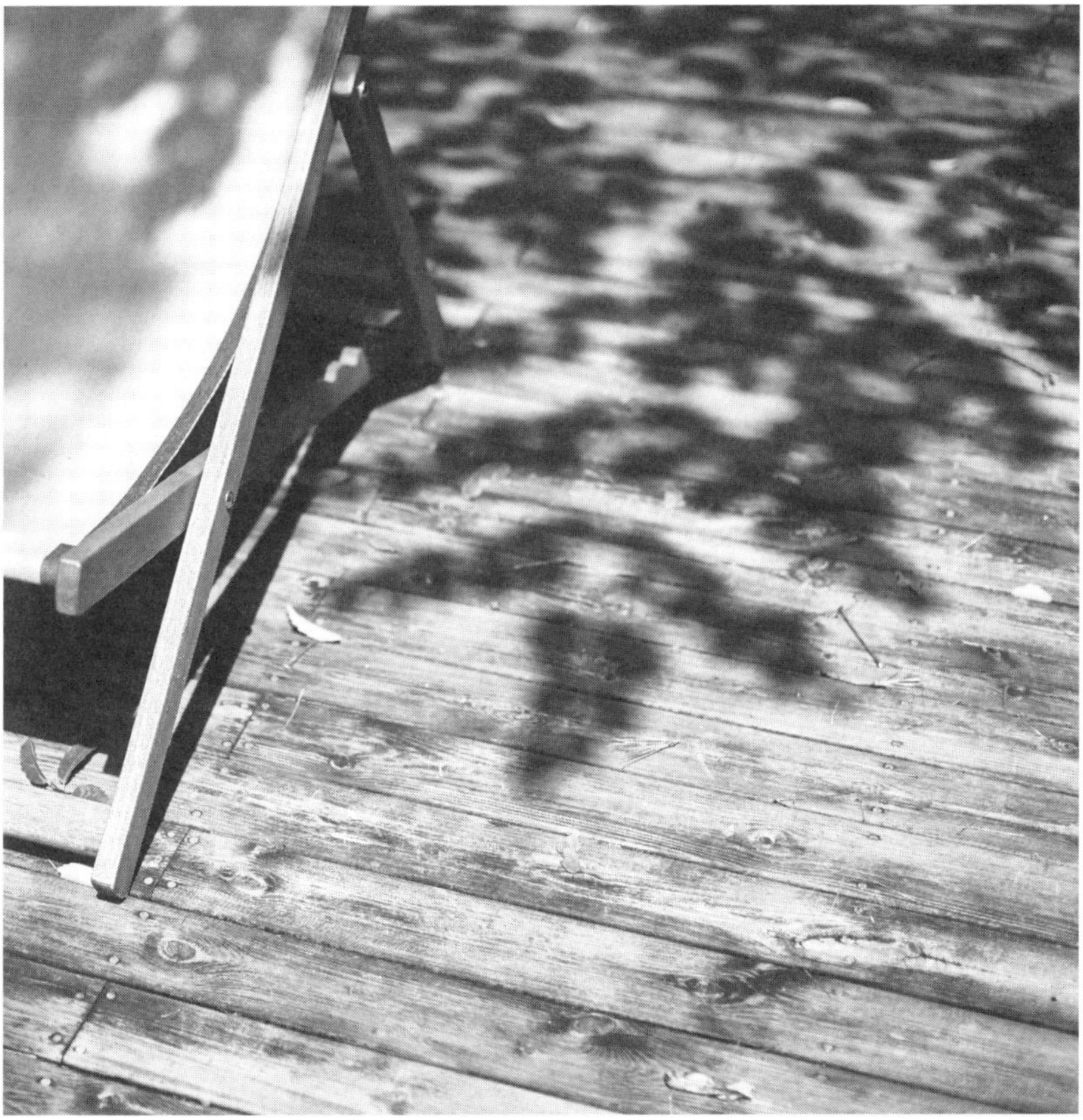

家族と交わした四つの約束

僕の実家がある栃木県足利市までは、自宅から車で二時間弱、那須町はそこからさらに北上し、東京から車で約二時間半かかる。子供が小さい頃から車でよく遠出をしていたから長距離のドライブにも慣れていて、初めて那須を訪ねた時も二時間半を苦痛に感じていない様子だった。車での移動が家族の大きな負担になるのならば、那須という選択肢は捨てなければならないが、その点において問題はなかった。

そして、案外見落としがちなところだが、山の中にあるということは必然的に虫も多く、特に夏場は光源に蛾をはじめとする様々な虫たちが集まって来る。自然に関心がない妻も虫に対しての免疫はあり、最初に那須を訪れた時に虫を怖がっていた子供たちもすぐに慣れていた。

那須の家を買うことを決める前に、僕は家族といくつかの約束を交わした。それは、往復の車の運転、荷物の上げ下ろし、掃除、食事作りは主に僕が担当することだった。東京では妻が家の大半のことをやってくれているから、山の家まで妻にそれを任せることになれば家事が二倍になってしまう。それに往復に五時間もかかるのだから、家族の大切な時間を奪ってしまうことにもなる。僕のわがままで二拠点生活を始めるからには、家族の負荷を増やさないことは必須条件であると考えた。

子供たちがどんどん大きくなってしまうので、もし東京以外の場所に家を持つとしたら、早い方がいいと僕は思っていた。勉強も段々と難しくなる頃に生活のリズムが変わってしまうと、心にも時間にも余裕がなくなって、学業に影響が出てしまうことだろう。これは、僕が学生時代に店と家を毎日往復する生活で身を以て経験したことだったから、子供たちにその苦労をさせないと決めていた。

自我が芽生え始めた頃、家族と一緒に過ごすことよりも自分の時間を優先するようになった経験は僕にもあるので、子供たちが思春期を迎える年頃になって一緒に行くことを拒む日が来ることも想定した。家族に無理させることなく、それぞれの生活の変化に柔軟に合わせていくことが大切だから、購入を決断する前に、将来の家族の暮らし方を妻とよく話した。

便利さと不便さが必要

理想とする家を建てたとしても、素敵な家庭が築けるわけではないということを、ある建築家が話していた。背伸びをして身の丈以上の家を建てるのではなく、家族の規模や無理のない環境の中で最良な家を選んで、その中で豊かに生活することが本当の幸せであるという考え方である。僕も全く同じことを考えていて、家族の暮らしを充実させる方法を探している中で、東京と那須のふたつの土地で暮らすという選択肢が、実現可能なものとして眼前に立ち現れた。

人間には、便利な生活を常に享受していると、そのありがたみを忘れてしまう愚かさがある。美味しいものを食べ続けていると、その味が当たり前になってしまう。たまにはあまり美味しくないものも食べないと、美味しさを感じなくなってしまうものである。それと同様に、二拠点生活をするのならば、便利さと不便さの両極端が必要だと僕は考えていた。都心と大差なく快適に暮らせる場所にもうひとつ拠点を持つのでは意味がない。全てが満ち足りた生活を手に入れたい人も多いと思うが、僕はそういうことは追い求めていない。常に満ち足りない暮らしを知っていた方が、僕は気持ちの上で心地がよいと常々感じている。

知人から、僕が都会ではない場所に家を持って、週末をそこで暮らしたいと思っているのは、自己解放欲求の表れだと言われたことがある。ステイタスとして別荘を持つこととは、全く意味が違う。僕は、家族が歩んできた景色が思い出せる場所を持ちたいとずっと思っていた。暮らした時間の長さや知り合いの多さから考えると東京をホームと感じているが、我が家と呼べる場所は今暮らしているマンションではないことを漠然と感じていた。週末を過ごすために購入しようと真剣に考え始めた家を、別荘ではなくホームと呼べる場所にしたいと僕は思った。

那須の山の家は、様々な条件面でも身の丈に合っていて、ずっと先の未来の家族の形も見据えた上で、僕が長年抱えていたモヤモヤとしたものたちを全て解決してくれる。何より、二拠点生活に関心がなかった家族たちが前のめりになってくれるほど、不思議な魅力のある家だった。

Wagen
25

山の家の暮らしが始まった

家族ともよく相談して山の家の購入を決断したが、本契約の前に再度メンテナンス会社に細かく物件を見てもらった。特に補修が必要な箇所があるかという点は、入念に確認しておきたかった。

雨漏りはしていないか、シロアリをはじめとする害虫が発生していないかなどの基本的なところから、水道・ガス・電気のライフラインの状況、建物の中と外を含めて破損しているところはないか等々、さらに仔細に調べてもらった。デッキの脚が朽ちている一部分の補修だけ必要だったが、外観・内装・屋根裏の全てが綺麗で、反りひとつなかった。建具もそのまま譲ってもらえるということで、今すぐにでも生活が始められる良物件だった。薪ストーブがあったので、煙突を含めて使用できるか確認した上で、使い始める前に分解点検と清掃をしてもらった。

人が住まない家は劣化が速く、定期的に保守をしないと朽ちてしまう。那須は別荘地だけあって周囲の環境は素晴らしいが、毎日そこで暮らしている人は多くない。休暇の時だけの住まいとして使用する人が大半で、それを前提とした物件であったため、メンテナンスのサポートをしてもらえる体制も整っていた。

懸念していた諸条件もクリアになり、十二月に購入のための契約をした。初めて山の家を訪れたのが初秋の九月だったので、たった三ヶ月で購入を決断するとは夢にも思っていなかった。しかし、那須は雪が積もることもある寒い土地で、冬の間に住まいとしての環境を整えるのは難しく、春になってから工事を始めた。準備に約三ヶ月かかり、実際に山の家で週末を暮らす生活が始まったのは初夏だった。

その家は小さな山の上にあり、豪雪にはならないが雪が積もることもある。雪道でも走行できる車が必須だったが、ずっと前から僕は四輪駆動車に乗っていたからタイヤだけ雪用にすれば問題なかった。スキーが楽しめるくらいの積雪があるけれど、雪かきに明け暮れることもなく、一年を通して週末を過ごすには絶好の場所だった。

理想と憧れが詰まった家

那須の山の家は、〈スウェーデンハウス〉の家だった。スウェーデンハウスの名前と、スウェーデンの輸入住宅を扱う会社だということを知っていたが、どんな特色のある家なのか、その時は詳しく知らなかった。購入を決める前に色々と調べて、佇まいが美しいだけではなく、丈夫で気密性が高い高性能の家ということは理解したが、暮らしてみてその素晴らしさを実感した。

高気密、高断熱は想像を遥かに超えるものだった。家全体が分厚い断熱材で包まれていて、窓は木製サッシの三層ガラスになっている。そして、家全体に空気が流れる換気システムで、薪ストーブを焚けば全室が同じあたたかさになるように設計されていることにも驚かされた。那須は栃木県とはいえ北の方の高原にある。そのため冬ともなれば、大雪にはならないまでも毎年のように積雪する土地である。暖房が効いていない部屋や廊下などが寒いのが普通だけれど、山の家は家中どこもかしもあたたかく快適なので、寒い真冬でもとても心地よく過ごすことができる。さらに驚いたのは、家全体があたたまったら、薪ストーブの火を消してもずっと室温が保たれること。高い気密性と断熱性があるので、家全体が魔法瓶で覆われているようなイメージである。

那須は涼冷地なので真夏でもエアコンは必要ないが、山の家は緑に囲まれているため湿度が高くジメジメしている。しかし、木は湿度が高い時には水分を吸ってくれるので家の中は快適で、また湿度が低い時には水分を放出してくれる。木が呼吸をして、家の中をちょうどいい湿度に保ってくれる。

僕たち家族が暮らし始めた時、建てられてから十七年が経っていて、山の家は二十二歳を迎えた。定期的にメンテナンスはしているものの、ひとつの不具合もない。スウェーデンハウスは百年住み継いでいく家という考えの元で作られているが、この山の家に暮らしてみて、それが大袈裟ではないことを感じている。僕がこの家に住むことができなくなる日が来たとしても、子供たちに受け継ぐことができる。僕が子供の頃から憧れていた、家族が歩んできた景色が思い出せる場所として、こんなにふさわしい家は他にはないと、週末を過ごす度に感じている。

緑と青と橙の光が重なる瞬間

　すぐに暮らし始めることができる状態だったので、当初は残してくれた建具をそのまま使おうと思っていた。前のオーナーが使っていた家具がある状態を見た時は違和感がなかったが、建具だけになったところに自分たちの家具を運び入れると、どこかしっくり来ない。思い切って、中途半端に合わないものを使うのをやめて、可能な範囲で内装をやり直すことにした。

　今まで四軒の店を作ってきたが、実家を出てからはずっと賃貸暮らしだったので、自分の家として空間を自由に作る経験は初めてだった。レストランではお客さんに心地よく過ごしてもらう場所を作ってきたが、そこで得たポイントのようなものがあって、その経験を踏まえながら空間を作っていくことにした。

　手始めに壁紙を全て剥がして、塗り壁にした。塗り壁にすると部屋の中に差し込む自然光が美しく反射して、家の中の全てが映える。次に照明器具を替えた。蛍光色の電球をなくて、あたたかみのある優しい橙色の光にした。少し薄

緑と青と橙の光が重なる瞬間

暗い方が、心が落ち着いて安心できる空間になることを店作りの中で感じていたので、それも取り入れた。

山の家にいて、特に心地いい瞬間がいくつかある。そのひとつが、日が暮れて外が暗くなり始めた頃に、家の中にあたたかみのある光を灯して、それを外のデッキから窓越しに眺める時間である。緑と青と橙の光が重なる、その瞬間がとても美しい。壁と照明というのは空間を作る上で大事な要素で、このふたつを替えただけで部屋の雰囲気は大きく変わる。

山の家で暮らし始めて、一番の楽しみも発見した。それは新緑の季節にデッキで過ごす時間である。妻は冗談めかして「二時間半もかけて毎週末ここに来るのは、新緑の季節の夕方に、ヒグラシの鳴く中デッキで飲むビールが世界一美味しいから」と言っていたが、何ものにも代え難い心地よさがその瞬間にあると思う。

作り方はいたって簡単だが、ゆで卵のゆるふわ加減を調節することで、このサラダはぐっと美味しくなる。水から卵を入れて中火で 12 分間茹でると、生野菜と一緒にいただくのにちょうどいい、柔らかすぎず硬すぎない、絶妙な食感の半熟ゆで卵に仕上がる。

ニース風サラダ

材料（2 人分）
サニーレタス・ルッコラなどお好みのサラダ菜…60g
ミニトマト…10 個　　ジャガイモ…1 個
ツナ缶（オイル漬け）…1 缶　　卵…2 個
アンチョビペースト・オリーブオイル・塩・黒コショウ・パルメザンチーズ…適量

作り方
1　沸騰した湯にジャガイモを入れて 25 分くらい、竹串がすっと通るまで茹でる。湯からあげて冷まし、1/8 に切る。
2　卵を水から入れて中火で 12 分間茹でる。湯からあげて冷水で冷まし、殻をむく。
3　お好みのサラダ菜を手でちぎって、水にさらす。水分をよく切ってから皿にしき、アンチョビペーストをからめる。その上に、半分に切ったミニトマト、1/8 に切った半熟のゆで卵と 1 のジャガイモ、ツナを盛りつける。
4　オリーブオイル、塩、黒コショウ、仕上げにパルメザンチーズを振り掛ける。

くさみが少なくて柔らかく、脂がしっかり乗ったコクのある豚ロース肉の美味しさがしっかりと味わえる。最後、火を止めた後に蓋をして少し余熱で置いておくと、ニンニクと香草の香りがじんわり染み込んで、肉の美味がさらに引き出される。

香草入りポークソテー

材料（２人分）
豚ロース肉…200g　　ニンジン…1/3本　　カブ…１個
ローズマリー…３枚　　セージ…３枚
ニンニク…３片　　塩・コショウ・オリーブオイル…適量

作り方
1　豚ロース肉に塩コショウを振る。
2　フライパンを強火で熱し、オリーブオイルを薄くひく。豚ロース肉を入れたら中火にして、フライパンを動かさずに焼く。
3　ニンジンとカブをひと口大に切り、豚ロース肉と一緒に焼く。
4　１分ほど焼いた後、ニンニク（皮がついたまま入れる）、ローズマリー、セージを肉の周りに置き、香りを染み込ませる。
5　肉のふちが白くなってふくらんできたら裏返す。
6　香草とニンニクが焦げそうになったら、肉の上に載せる。１分くらい焼いたら火から外し、２分ほど置いて余熱で香りをさらに染み込ませる。

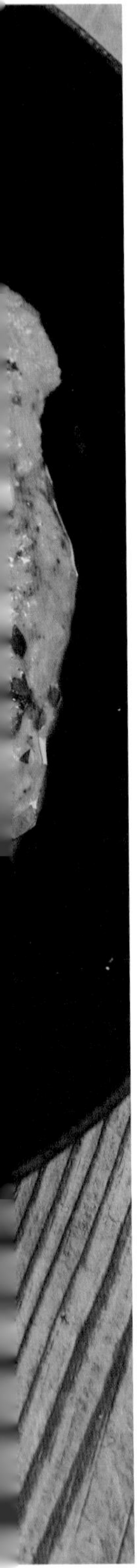

イタリアの秋の代表的なキノコである香り高いポルチーニと、豚フィレ肉の組み合わせを味わう料理。生ポルチーニは手に入れにくいが、冷凍は年中お手頃で手に入り、味も香りも凝縮されている。強火でさっと、とろりと調理することが上手く仕上げるコツ。

豚肉とポルチーニのスカロッピーネ

材料（２人分）

豚フィレ肉…30g×４枚　　冷凍ポルチーニ…80g

ニンニク…１片　　バター…20g

小麦粉・塩・コショウ・白ワイン・イタリアンパセリ・オリーブオイル…適量

作り方

1　豚フィレ肉を２cmくらいに切り、肉たたき（ない場合はすり棒などで代用）で２mmくらいになるまで薄く伸ばす。塩コショウを振り、小麦粉を薄くまぶす。

2　フライパンにオリーブオイルをしき、豚フィレ肉を強火で焼く。片面を１分くらい焼いたら裏返して、つぶしたニンニクと冷凍ポルチーニ（使う前に解凍しておく）を入れて、白ワインを振り掛けて香りをつける。

3　バターを入れて１分ほど煮詰める。詰まってきたら少し水を加えて、とろりとなるように調整する。仕上げに刻んだイタリアンパセリを振る。

Brummi

ベーコンを使うのが定番だけれど、塩漬けのソーセージを使い、ひと味違う食感に仕上げた。ソーセージは肉の風味がしっかりと楽しめるので、お酒ともよく合う。パスタを入れたらすぐに火を止めて、余熱でさっとあえるとパサつかず、美味しくできあがる。

ソーセージのカルボナーラ

材料（２人分）
ソーセージ（またはウィンナー）…60g　生クリーム…100cc
卵（卵黄のみ）…２個　リガトーニ…120g
岩塩・黒コショウ・オリーブオイル・パルメザンチーズ…適量

作り方
1　鍋にたっぷりの水を入れてぐつぐつに沸騰させ、湯の１％くらいの量の岩塩（岩塩を使うとしっかり塩味がつく）を入れる。リガトーニを入れて、記載されている指定の時間茹でる。
2　フライパンにオリーブオイルをひき、ソーセージの中味を出して（ウィンナーの場合はひと口大に切る）中火で２〜３分炒める。
3　生クリームを入れて、とろみがつくまで弱火で煮る。煮詰まってきたらパスタの茹で汁を加えて、ソースがなめらかになるように調整する。
4　茹であがったリガトーニを入れ、ソースとよくからめる。卵の黄身とパルメザンチーズを加えてしっかりかき混ぜる。仕上げに黒コショウとパルメザンチーズを振り掛ける。

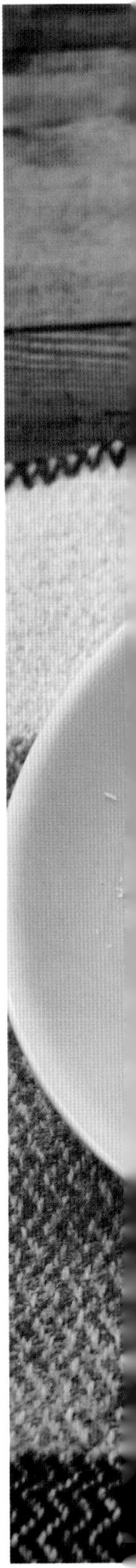

本来はスライスしたトマトとモッツァレラで作る前菜だが、トマトの代わりにカキで仕上げた。生クリームをモッツァレラで包んだブッラータは濃厚で甘味があるので、果物とよく合う。モモやマスカットを使っても美味しい。

カキのカプレーゼ

材料（2人分）
カキ…1/2個　ブッラータ（またはモッツァレラ）…1個
白ワインビネガー・オリーブオイル・塩・コショウ・ハチミツ・ミント…適量

作り方
1　カキをひと口大に切り、ブッラータと一緒に皿に盛りつけて、塩コショウを振る。
2　白ワインビネガーとオリーブオイルを振り、ハチミツを少しだけたらす。お好みで刻んだミントを掛けると爽やかさが増す。

STAUB
LA COCOTTE
STAUB
STAUB

雑炊のようでもあるけれど食感は全く違う。外はふっくらしているのに中は少し芯が残っていて、米の粒の張りも楽しめるのが魅力だと思う。美味しく仕上げるコツは、水を一気に入れずに少しずつ足して、水分を飛ばしながらじっくりと煮詰めていくこと。

クリのリゾット

材料（２人分）
クリ…16個　白米…80g　パルメザンチーズ…30g
バター…20g　塩・コショウ・オリーブオイル…適量

作り方
1　鍋にたっぷりの水を沸騰させ、塩をひとつまみ入れる。クリを皮がついたまま入れて、30分ほど茹でる。湯から出して、冷めたら皮をむく。
2　鍋にオリーブオイルをしき、白米をそのまま入れて中火で5分ほど炒める。
3　白米がひたるくらいの少量の水を加えて、弱火で煮詰める。水がなくなったら、再び同じくらいの少量の水を入れて煮詰める。これを10分ほど繰り返す。
4　１のクリを鍋に入れ、さらに10分ほど、同様に水を少量ずつ加えながら弱火で煮詰めていく。
5　パルメザンチーズとバターを加える。塩コショウを振り、なめらかになるまで煮詰める。

Martin Morlock

いつか家族の思い出になるように

店作りをする上で、僕は大阪にある家具屋〈TRUCK furniture〉から強い影響を受けた。なかなか高価な家具なのでおいそれと買うことはできないが、店を始める時に、その家具がある空間の中で食事が楽しめる場所を作りたいという思いを諦めきれず、背伸びをして椅子などを購入した。

その後、僕は二軒の店を手掛けたが、意識的にその家具を使わないようにした。家具の存在に引きずられてしまい、店全体の雰囲気がその家具屋の真似事になってしまうと思ったからである。大好きだったからこそあえて距離を置き、自分の審美眼を養って、自らの力で店を作ろうとした。

四店舗目の〈LIFE sea〉の家具選びをしていた頃、その家具屋から新作の椅子が出ることを知った。それは新しい店に置きたいと思っていた理想の形そのもので、写真を見た瞬間すぐにでも実物が見たくなった僕は、久しぶりに大阪の家具屋に足を運んだ。店の家具を選ぶ時には必ず実物を見て、座り心地などを試した上で購入している。

その家具の普遍的なデザイン、品質のよさ、強固な作りを十五年近く使い続けて体感し、値段の何倍も価値があることを僕は実感していた。そして、たくさんのお客さんが座り、使い込まれてすっかり店の一部となった家具たちは、僕の店の歩みを象徴していた。

二軒の店を自分の手で作った今なら、その家具を使ったとしても真似事にならず、自分らしい店が作れるという自信が持てるようになっていた。だから、しばらく距離を置いていた家具を使うことを決断できた。僕は物に対してのこだわりや執着心はあまりなく、コレクター気質もないので、アンティークのものを選んだりしていた。しかし、新しい店でその家具を選んだことで、素晴らしさを再認識できた。

それが山の家を購入した頃だったから、自分の中にあった、好きなものをあえて使わないというこだわりを捨てて、一番好きなその家具を選ぶことにした。店の家具と同じように、山の家で使い続けることで僕たち家族の思い出の一部となるように、大切に育てていきたい。

山の家で成長した子供たち

妻がしっかりと育ててくれたおかげで、子供たちには普段から計画的に物事を進める習慣が身についていた。週末を那須で過ごすようになって、それがより習得できたと思う。今では金曜日の夜に自分たちで勉強や遊びの道具などをカバンに詰めて準備して、那須に着いたら土曜日のうちに宿題を済ませることが慣例となっている。

特に夏休みには、滞在中に来客もあって集中して宿題ができないことを子供もわかっているようで、長期で那須に滞在する前に夏休みの宿題の大半を終える集中力を会得できたようだ。受験で忙しくなると状況は変わっていくだろうが、余暇を持つために時間を有効活用して効率的に動くという発想が子供たちに備わっているから、この先も学業に大きな支障は出ないと安心できた。

これは子供たちに限らず、僕も妻も同様である。山の家に滞在している間は何もしないことを楽しみ、英気を養うことで普段の仕事に集中できるようになった。意識しないまま、以前よりも時間を有効に使えるようになったことは、嬉しい副産物であった。

万人に等しく与えられる一日二十四時間という限られた時間を充実させて、いかに楽しく過ごすかということが大切で、その積み重ねが人生を豊かにする。僕はそれをイタリア生活で学んだが、週末を那須で過ごすようになって、子供たちは小学生にして体得できているようである。

そして、山の家で過ごすようになって子供たちが目に見えて変わったのは、気が利くようになり、我慢強くなったことである。東京に比べて来客も多く、子供たちにとっては初対面となる僕や妻の友人たちも遊びに来る。来客がある時には招く側のひとりとして、自分の希望を抑えて相手に譲る気持ちが芽生え始め、そういう振る舞いが自然とできるようになった。子供たちには人を喜ばせられるようになって欲しいし、その気持ちが一番大切だと僕は思っている。

二拠点生活を続けていくために大切なこと

子供たちが夏休みの間に二週間ほど、仕事をやりくりして平日の二日間を東京で暮らし、それ以外の五日間を那須で過ごす、いつもとは逆の暮らし方を試みたことがある。

それまでの取り決め通りに、山の家では僕が主に家事を担当することは変えなかった。東京では妻が家事を担当して家族のペースを作ってくれているのだけれど、一週間のうちの大半を那須で過ごすとなると、それが大きく変わってしまう。

僕は、家族のことを考えないで自分のペースで家事をしていた。それまでは週末だけだったから我慢してくれていた家族たちも、毎日となると少しずつストレスになり、二週間が終わる直前に不満が爆発してしまった。

家族は文句も言わず、僕に合わせてくれていたことに、その一件でようやく気がついた。まだ完璧とは言い難いが、このことが山の家で家事をする時に、家族全員が快適に過ごせる環境を作るように気持ちを切り替えるきっかけとなった。そして、東京の生活で妻は、いかに家族の皆がストレスを感じないように家事をしてくれていたかを実感し、心から感謝した。

以前は忙しい時でも無理をして山の家に行っていたが、余裕がない時は東京でやるべきことをやって、日々の仕事や学業に支障をきたさないようになった。よく考えるとそれは当然のことなのだけれど、二拠点生活を始めたばかりの頃は、僕が勝手に決めた規則で家族を縛っていた。週末をのんびりと過ごして心を満たすことで、日々の仕事も充実すると考えて始めたのに、それ自体がストレスの元になってしまっていたとは、本末転倒も甚だしい。

この夏の経験で、二拠点生活を長く続けていくためには、生活のペースや日常の家事配分を崩さず、家族全員が無理をしないで心に余裕を持つことが大切と肝に銘じることができた。

普通の毎日のありがたさ

山の家に着いたらまず近くの道の駅に出掛けて、滞在中に必要な分だけ食料を購入する。都会のスーパーマーケットでは近年、季節を問わず豊富な食材が販売されていて、とても便利である反面、買い物で季節を感じる機会は希薄になったように思う。道の駅では、季節ごとに那須で採れる食材が販売されている。旬のものしか置いていないから、欲しい食材が全て手に入らないという不便な面もあるが、反対の視点から見ると、子供たちに食の旬を体感させる機会としてこれほど絶好な場所はない。そして地産地消を、そのことを意識しないまま実践している。これは都会暮らしではできないことである。

次の滞在まで最低でも五日間は空くので、生鮮食品は必ず使い切らないとならない。僕はイタリアンレストランを長年やっているから、肌感覚で最小限の食料がどれくらいかわかり、毎回無駄なくちょうど使い切る分の買い物ができる。それは小さなことだけれど、食料を廃棄することなくありがたくいただく大切さを子供たちにも伝えられていると思う。

日本全国、都心であれば真夜中でも明るいし、コンビニに行けばいつでも食べ物を買うことができる。山の家の周囲は街灯もなく真っ暗で、深夜までやっている店は一軒もない。様々なものを事前に備えておかなければならないが、それを準備することも楽しい。暮らしを効率よくするために、頭の中で様々な手順を組み立てる訓練を常にしているような感覚で、子供たちにもそれが備わり始めたようだ。

災害の直後にはあったはずの防災意識も、便利な都心で生活していると次第に薄れてしまうのが人間である。山の家で暮らすようになってから、何でも手に入ることのありがたさを実感できるようになっただけでなく、いざという時のために備えておく意識を常に持てるようになった。

家族の過去と今と未来が詰まった場所

近い将来、遠い未来を含め、家族の暮らしを想像しながら山の家を買うことを決めた。子供たちは中学生になれば部活動や受験勉強で忙しくなるし、きっと友達とのつき合いの方が楽しくなる。家族全員が毎週末、山の家に揃うことも難しくなるだろう。そうなった時には、家族の生活に合わせた二拠点の比重を見つめ直そうと考えている。山の家は皆の暮らしを充実させるための場所であるから、足かせになってしまっては本末転倒である。

家族のこれからを想像して、僕はいくつかの未来を妄想している。子供たちが東京や他の土地で仕事をすることになったら、僕と妻が二人で週末にのんびり過ごすことが多くなるだろう。さらにその先、僕が仕事を引退する歳になる頃には、毎週末のように車で出掛けて行くことは体力的に厳しくなるはずである。その時、山の家を終の住処とするか、東京での暮らしを続けるかは、今は全く想像できない。東京で暮らし続けることになったとしても、僕は山の家を残したいと思っている。夏休みや冬休み、年に数回でも一家が山の家に集い、子供たちの家族や仲間たちと一緒にここで過ごす時間を楽しみたい。

そんな時が訪れるまでに、この山の家を家族皆の心が休まる、自分のホームと思える場所に時間をかけて育てていきたい。ここでの暮らしの記憶を辿りながら、たくさんの楽しい時間が思い出される場所になっていたらいいなと思う。

もし子供が那須で仕事を見つけて、自分の家族とともに山の家で暮らしたいと言ったとしたら、僕は喜んで譲りたいと思っているし、改築して店を始めたいと相談されたら全面的に協力したいとも考えている。これこそ僕の妄想にすぎないが、僕がイタリアンレストラン〈ＬＩＦＥ〉を辞めて、人生の最後にもう一度店を始めたくなったとしたら、山の家で一日一組だけをもてなす、小さなレストランを始めることだってできる。

山の家を持ったことで僕は、将来を想像しながら、家族が毎日を楽しく過ごすために真剣になることができた。家族の生活がこれからどんなふうになったとしても、この山の家があれば全ての暮らしが実現できる。ここは、僕たち家族の過去と今と未来が詰まった場所である。

Wortfix

25

グラタンだけれどホワイトソースを使わずに、生クリームで手軽に作れるようにアレンジした。ジャガイモをあまり茹ですぎないようにして、ホクホク感が残るくらいにすると美味しくできあがる。甘くてしっとりとした食感のメークインがおすすめ。

ポテトとアンチョビのグラタン

材料（2人分）
メークイン…1個　　長ネギ…1/4本
アンチョビフィレ…3尾分　　モッツァレラ…30g
生クリーム…100cc
塩・パルメザンチーズ・オリーブオイル…適量

作り方
1　鍋にたっぷりの水を沸騰させ、塩をひとつまみ入れる。メークインの皮をむいて、5mmくらいの厚さに切ったものを5〜6分、硬めに茹でる。
2　耐熱皿に茹でたメークインをしき、その上に細かく刻んだアンチョビフィレ、スライスした長ネギ、モッツァレラ、生クリームを載せて、パルメザンチーズとオリーブオイルを振り掛ける。
3　220℃のオーブンで15〜20分焼く。仕上げにパルメザンチーズを振る。

ジャガイモを香草とともに焼き上げた、イタリアの定番料理。しっとりとしたメークインを使うと美味しくできあがる。料理修行時代、毎日のように作り続けていた思い出の料理で、つけ合わせの中で僕はこれが一番好きだ。

パターテ・アロスト

材料（2人分）
メークイン…4個　　ローズマリー…3枝　　セージ…3枚
ニンニク…4片　　塩・オリーブオイル…適量

作り方
1　メークインの皮をむく。ひと口大に切ってオーブン皿に盛る。
2　1/4に切ったニンニク、ローズマリー、セージを載せて、たっぷりのオリーブオイルとあえる。
3　塩を振り、220℃のオーブンで20～30分焼き上げる。

食材を鍋に入れて煮込むだけの簡単料理だが、鶏肉と野菜の旨味がじんわりと染み出し、ニンニクと香草の香りがからみ合うことで絶品ができあがる。コツは鍋に蓋をして、弱火でしっかり煮込むこと。煮込む時間を長くすれば、さらに濃厚な味に仕上がる。

ポッロ・エ・ペペローネ

材料（2人分）
鶏モモ肉…1枚　パプリカ（赤・黄）…各1/2個
タマネギ…1/2個　ニンクニ…1片　ローズマリー…1枚
セージ…1枚　塩・オリーブオイル…適量

作り方
1　深めの鍋にオリーブオイルをしき、中火でニンニク（皮がついたまま入れる）とローズマリー、セージを炒めて、香りを出す。
2　1cmくらいのくし切りにしたタマネギを入れて炒める。タマネギがしんなりしてきたら、2cm幅くらいに切ったパプリカを入れて、さらに3～5分炒める。
3　蓋をして、弱火で5分ほど蒸し焼きにする。
4　半分に切った鶏モモ肉に塩をしっかり振って、鍋に加える。水を100cc入れて再び蓋をして、弱火で10～15分煮込む。

STAUB

ミートソースといえばひき肉を使うことが多いが、肉の食感が存分に楽しめるように、豚バラ肉をしっかりと煮込んだ。野菜を焦げる直前まで炒めて、香ばしさを引き出すと美味しくなる。すじが入っていて、味がしっかりとからむリガトーニがよく合う。

豚バラ肉の煮込みミートソースパスタ

材料（２人分）
豚バラ肉…300g　ニンジン…1/2本　タマネギ…1/2個
セロリ…1/2本　ニンニク…1片　ローズマリー…１枝
セージ…１枚　リガトーニ…120g
岩塩・塩・コショウ・オリーブオイル・パルメザンチーズ…適量

作り方
1　深めの鍋にオリーブオイルをしき、ニンニク、ローズマリー、セージを細かく刻んで、中火でニンニクに色がつくまで炒める。
2　ニンジン、タマネギ、セロリを粗みじん切りにして鍋に入れる。強火にして、３〜５分水気を飛ばしながらさっと炒める。
3　野菜がしんなりしてきたら、ひと口大に切った豚バラ肉にしっかり塩コショウを振り、鍋に入れる。
4　鍋に蓋をして弱火で15分ほど煮込んだらミートソースの完成。お好みで、豚バラ肉がほろほろになるまで煮込むと、味がさらに染み込んで美味しくなる。
5　鍋にたっぷりの水を入れてぐつぐつに沸騰させ、湯の１％くらいの量の岩塩（岩塩を使うとしっかり塩味がつく）を入れる。リガトーニを記載されている指定の時間茹でる。
6　皿に茹であがったリガトーニを盛り、上からミートソースを掛ける。お好みでパルメザンチーズを振り掛ける。

ゴルゴンゾーラと生クリームのコクのあるソースは我が家の冬の定番。北イタリアのゴルゴンゾーラ村で生まれたブルーチーズで、くさみの少ない甘口のドルチェと、青カビがしっかり入った辛口のピッカンテがある。この料理はドルチェがおすすめで、青カビの香りが苦手な人でも美味しくいただける。

ゴルゴンゾーラソースのポークソテー

材料（２人分）
豚ロース肉…120g×２枚　　ゴルゴンゾーラ…18g　　生クリーム…100cc
クルミ…８片　　クレソン…６本
小麦粉・白ワイン・塩・コショウ・オリーブオイル…適量

作り方
1　豚ロース肉に塩コショウを振る。肉全体に薄く小麦粉をまぶし、余分な粉を落とす。
2　フライパンにオリーブオイルをしき、中火で２分ほど焼く。裏返してさらに１分ほど、両面がキツネ色になるまで焼く。フライパンから豚ロース肉を外して、バットなどに置いておく。
3　フライパンを弱火にして、白ワインを入れる。そこにゴルゴンゾーラと生クリームを入れて、なめらかになるまでじっくり加熱したらソースの完成。
4　皿に３のソースを半分くらいしいて、その上に食べやすい大きさに切った豚ロース肉を載せ、残りのソースを掛ける。
5　手で砕いたクルミを豚ロース肉の上に振り掛け、クレソンを添える。

旬の野菜や豆類がたっぷり取れる、イタリアの冬の定番煮込みスープ。トマトを入れた赤いスープという印象が強いと思うが、代わりに美味しく栄養豊富な旬のカキを入れ、野菜にしっかり魚介の滋味を染み込ませ、奥深い味わいの鍋料理のように仕上げた。

カキのミネストローネ

材料（２人分）
カキ…８個　　タマネギ…1個　　ニンジン…１本
ダイコン…1/5 本　　セロリ…１本　　ホウレンソウ…40g
レンズ豆…30g　　塩・オリーブオイル…適量

作り方
1　野菜を５mm 角くらいの大きさに切る。
2　深めの鍋にたっぷりのオリーブオイルをしき、中火で野菜とレンズ豆を炒める。火が通ってしんなりしてきたら水を 400 cc 加える。
3　30 ～ 40 分、弱火で煮込む。カキを入れて、さらに５分ほど煮込む。
4　塩を振り、仕上げにオリーブオイルを掛ける。

Cabin Porn

相場正一郎（あいば・しょういちろう）
1975年栃木県生まれ。1994年〜1999年にイタリア・トスカーナ地方で料理修行。東京都内のイタリアンレストランで店長兼シェフとして勤務した後、2003年東京・代々木公園駅にカジュアルイタリアン「LIFE」をオープン。全国で4店舗のレストランを運営しており、カルチャーを作る飲食店として注目を集めている。主な著書に『道具と料理』、『30日のイタリアン』、『30日のパスタ』（ミルブックス）、『世界でいちばん居心地のいい店のつくり方』(筑摩書房)、『LIFEのかんたんイタリアン』（マイナビ）。二児の父親であり、週末は家族で栃木県那須町にある山の家で暮らす二拠点生活を送っている。

撮影　宮川ヨシヒロ
　　　相場正一郎（p76、77，102）
　　　堀井威久麿（p70、71、80、97，103、106）
題字　山瀬まゆみ
編集・デザイン　藤原康二
協力　成田航平（LIFE）、木村翔太郎（LIFE son）
　　　スウェーデンハウス株式会社

山の家のイタリアン

2020年4月10日　第1刷
2021年11月1日　第2刷

著者　相場正一郎
発行者　藤原康二
発行所　mille books（ミルブックス）
〒166-0016　東京都杉並区成田西1-21-37 # 201
電話・ファックス　03-3311-3503
発売　株式会社サンクチュアリ・パブリッシング（サンクチュアリ出版）
〒113-0023　東京都文京区向丘2-14-9
電話　03-5834-2507　ファックス　03-5834-2508
印刷・製本　シナノ書籍印刷株式会社

無断転載・複写を禁じます。落丁・乱丁の場合はお取り替えいたします。

定価はカバーに記載してあります。

©2020 Aiba Shoichiro　Printed in Japan　ISBN978-4-910215-00-6 C0077